国外当代教育研究译丛

精准教学系列

主　编　盛群力　肖龙海
副主编　冯建超

确定关键内容：

把握重点的方法

QUEDING GUANJIAN NEIRONG：
BAWO ZHONGDIAN DE FANGFA

[美] 蒂娜·森，安伯·C. 卢瑟福，罗伯特·J. 马扎诺　著
金玉宏　译
肖龙海　校

中原出版传媒集团
中原传媒股份公司
大象出版社
·郑州·

图书在版编目(CIP)数据

确定关键内容：把握重点的方法 /（美）蒂娜 · 森，安伯 · C. 卢瑟福，罗伯特 · J. 马扎诺著；金玉宏译.— 郑州：大象出版社，2018. 11

（国外当代教育研究译丛.精准教学系列）

ISBN 978-7-5347-9972-3

Ⅰ.①确… Ⅱ.①蒂… ②安… ③罗… ④金… Ⅲ.①课堂教学—教学设计 Ⅳ.①G424. 21

中国版本图书馆 CIP 数据核字(2018)第 249984 号

出 版 人 王刘纯
责任编辑 崔 征
责任校对 裴红燕
装帧设计 张 帆
出版发行 大象出版社(郑州市开元路 16 号 邮政编码 450044)
发行科 0371-63863551 总编室 0371-65597936
网 址 www.daxiang.cn
印 刷 河南新华印刷集团有限公司
经 销 各地新华书店经销
开 本 787mm×1092mm 1/16
印 张 6.25
字 数 80 千字
版 次 2018 年 11 月第 1 版 2018 年 11 月第 1 次印刷
定 价 15.50 元
若发现印、装质量问题,影响阅读,请与承印厂联系调换。
印厂地址 郑州市经五路 12 号
邮政编码 450002 电话 0371-65957865

浙江省卓越教师培养协同创新中心
2017—2018年度重点项目“教师教学设计应用模式研究”成果

浙江传媒学院教师教学发展中心合作成果

精准教学系列

“精准教学系列”（The Essentials for Achieving Rigor Series）这套教学指导书有助于教育工作者在实施、监控和适应教学方面做到得心应手。本系列采用了日常示例作为课堂应用的范例，使之具有即时的实践效果。

《确定关键内容：把握重点的方法》

《言之有理：提出与辩护主张的方法》

《记录与表征知识：准确组织与总结内容的方法》

《区分异同：深度理解的方法》

《加工新知：参与学习的方法》

《梳理知识：检查深度理解的方法》

《编制与使用学习目标和表现量规：教师如何作出最佳教学决策》

《参与综合认知任务：跨学科提出与检验假设的方法》

《操练技能、策略与过程：熟能生巧的方法》

《组织学习活动：小组互动方法》

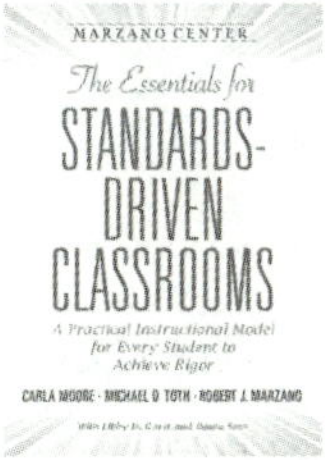

《标准驱动的课堂：精准教学的实践模式》

致 谢

国际学习科学组织（Learning Sciences International）感谢以下审稿人的帮助：

盖伊·F. 巴尔内斯
（Gay F. Barnes）
美国阿拉巴马州，麦迪逊，地平线小学

达妮埃尔·梅西
（Daniele Massey）
国防部教育活动处，2013 年年度优秀教师

大卫·博索
（David Bosso）
美国康乃迪克州，柏林，柏林中学，2012 年美国康乃迪克州年度优秀教师

克里斯汀·梅里尔
（Kristen Merrell）
美国密苏里州，利斯萨米特，利斯萨米特小学，幼儿园教师

凯茜·卡蒂亚
（Cathy Cartier）
美国密苏里州，圣·路易，阿夫敦中学，英语教师，ELA 课程联合主席

凯伦·摩尔曼
（Karen Morman）
美国得克萨斯州，麦金尼，J. W. 韦伯小学，教研员

玛丽·埃尔德雷奇－萨德伯

（Mary Eldredge-Sandbo）

美国北达科他州，德拉克斯，德拉克斯－柏林顿中学，生物教师

安吉拉·D. 马塞尔

（Angela D. Mosier）

美国内布拉斯加州，奥马哈，西区中学，数学系主任，2013年内布拉斯加州年度优秀教师

迈克尔· R. 弗里达

（Michael R. Fryda）

美国内布拉斯加州，奥马哈，西区中学，科学教师

蒂芙尼·理查德

（Tiffany Richard）

美国堪萨斯州，奥拉西，奥拉西东部中学，生物和化学教师，2012年堪萨斯州年度优秀教师

安杰莉卡·乔丹

（Angelica Jordan）

德国，斯图加特，国际数学教练员，2011年州年度优秀教师

李·M. 范登阿克

（Leigh M. VandenAkker）

美国犹他州，盐湖城，东部中学，2012年犹他州年度优秀教师

杰西卡·沃特斯

（Jessica Waters）

美国罗德岛州，2013年罗德岛州年度优秀教师

纳塔莉·韦斯特

（Natalie Wester）

美国俄亥俄州，大学高地，格里提职业学校，二年级教师

布兰达·维尔纳

（Brenda Werner）

美国北达科他州，俾斯麦，玛丽大学，副教授，教育主席

玛丽安·伍兹－墨菲

（Maryann Woods-Murphy）

美国新泽西州，蒂内克，2010年新泽西州年度优秀教师

献　词

“如果说我能够看得远一些，那是因为我站在巨人的肩膀上。”艾萨克·牛顿先生（Sir Isaac Newton）如是说。

谨以此书献给我在美国和艾伯塔省（加拿大西南部省份）的现在和曾共事过的同事。

——蒂娜·森（Deana Senn）

谨以此书帮助提高全球所有学习者的教育质量，包括我的儿子布雷登、杰克逊和兰德勒。

——安伯·C. 卢瑟福（Amber C. Rutherford）

作者简介

蒂娜·森 (DEANA SENN)，环境卫生工程学硕士，教学策略和课堂评估专家。学习科学马扎诺中心（Learning Sciences Marzano Center）的首席内容开发师和资深职业培训师。森女士在课程、教学和评估方面的经历跨越美国和加拿大两国，不管在农村还是在城市，一直是学校、学区、地区和州级的教师和领军人。她毕业于得克萨斯州农工大学，并从蒙大拿州立大学获得硕士学位。森女士在教学和学习方面有丰富经验，为改善教学实践提供了独特的视角。

安伯· C. 卢瑟福（AMBER C. RUTHERFORD），教育硕士，与罗伯特·J. 马扎诺（Robert J. Marzano）博士密切合作，为国际读者设计专业发展的内容，专注于共同核心国家标准和教师评估。她是一位著名的演说家，在全国范围内实施马扎诺评估模型的地区，教师专业发展都由她带领。卢瑟福女士从菲奇堡州立大学获得了教育硕士学位，她是一位成功的教师、教练员、公立学校的管理者，以及马扎诺评估模型的认证观察员。作为一名 PLC 的顾问，她开发了 PLC 的实施计划，大幅度提高了学生的成绩。她作为在公立学校的从业者和领导者的经历和使命，驱使着她对不同人群的教育发展的研究。安伯与她的大学恋人贾里德结婚，并有三个不到 5 岁的捣蛋男孩：布雷登、杰克逊和兰德勒。

罗伯特·J. 马扎诺（ROBERT J. MARZANO），博士，马扎诺研究实验室首席执行官，学习科学马扎诺中心教师和领导评估执行主任。作为教育领域的杰出研究者，他是一名演说家、培训师和作家，发表论文 150 多篇，涉及教学、评估、写作及实施标准、认知、有效领导和学校干预等。他还撰写著作 30 多部，包括《教学的艺术与科学》（ASCD，2007）和《差异化教师评估》（ASCD，2013）。

目　录

引 言

《确定关键内容：把握重点的方法》旨在以确定关键内容，为改进具体教学实践策略的一种资源。

本书可以为教师提供基于实证研究的教学策略（如马扎诺教学框架中所涉及的），来改善教学实践。本书还可以帮助教师在课堂上实施精准的教学策略，使学生达到各类标准的要求，如《共同核心国家标准》（*Common Core State Standards*）、《新一代科学教育标准》（*Next Generation Science Standards*）、《社会研究国家标准 C3 框架》（*C3 Framework for Social Studies State Standards*）、基于或受《大学与职业准备锚定标准》（*College and Career Readiness Anchor Standards*）影响的各州立标准。

本书可以帮助所有年级和学科的教师提高运用“确定关键

内容”这一教学策略的能力。聚焦于特定的技能，如确定关键内容，将能让你专注于该教学策略的细微之处并细致地做出改进。在教学计划、实施、监控、调整和反思中改进组织学习活动的实践。正像马扎诺和托特（Marzano and Toth，2013）所说，一个想成为专家的人会有其独特的策略：

◇把教师专业发展所需的特定技能加以具体分解。

◇专注于在实践或日常活动中改进特定的关键技能模块（而非简单的任务）。

◇获得即时、具体和可操作的反馈，特别是从更有经验的教练那里得到评价。

◇在更具挑战性的水平上，不断练习每个关键技能直到掌握。对已经掌握的技能则尽量减少时间投入。

“精准教学系列”就是基于上述方法，专注于分解教师专业成长所需特定技能，提供日常的实用建议，以帮助教师更得心应手地运用这些技能。

基于马扎诺教学模式

“精准教学系列”基于“马扎诺教学框架”（Marzano Instructional Framework），即以研究为基础，为教育工作者提供将教学实践与学生学业成就联系起来所需的工具。本系列使用了马扎诺教学模式（Marzano Model of Instruction）的关键术语，见关键术语表。

关键术语表

术语	定义
《共同核心国家标准》（CCSS）	《共同核心国家标准》是由共同核心国家标准计划（CCSSI）开发的标准文件的正式名称，其目的是为美国学生的大学深造和职业生涯做好准备
《大学与职业准备锚定标准》（CCR）	《大学与职业准备锚定标准》是一个较为宽泛的说明，包含针对各年级和特定内容领域的具体标准
预期结果（Desired result）	由于实施一项具体策略而对学生提出的预期结果
监控（Monitoring）	在实施具体策略时，检查学生是否达成预期结果的行为
教学策略（Instructional strategy）	已经证实的、在课堂教学中较可能提高学业成就的一类方法
教学方法（Instructional technique）	用于使学生掌握和深入理解知识和技能的方法
内容（Content）	学生达到标准要求所需的知识和技能
支架（Scaffolding）	有针对性地提供支持，从而使认知复杂性和学生自主性达到精准目标
拓展（Extending）	将已经表现出预期结果的学生提升到更高理解水平的活动

数十年来，教育趋势犹如钟摆一般一直摇摆不定。教育工作者在规范的清单式教案和循序渐进的课程计划之间徘徊，目的都是帮助教师实现教学自主，然而他们在教学科学以及教师的责任方面考虑得非常少。在这些精确解释有效教学的方法中，往往缺少两种做法：（1）预期结果的具体陈述；（2）基于研究的坚实连接。马扎诺教学框架提供了一个全面的系统，详细说明了什么才是教师使用基于研究的教学策略所需要的。从这个坚实的教学基础出发，教师可以将教学的科学与自己独特而又有效的教学风格相结合，这就是教学的艺术。

《确定关键内容：把握重点的方法》将帮助你成长为高水平的创新型教师，使你能够实施这一策略，并开展支架教学和拓展教学以满足学生的一系列需求。

精准教学系列

“精准教学系列”详细介绍了基本的课堂策略，以支持教学中复杂的转变，这对于所有学生所需的精准教学环境来说是必不可少的。本系列介绍的教学策略对有效地教授《共同核心国家标准》《新一代科学教育标准》或学校所在区、州指定的标准至关重要。这些严格标准需要更深入的理解，运用更有效的策略加以更广泛的实施，从而使学生能够展现出标准所要求的知识和技能。本系列包括适用于所有年级和学科领域的教学方法，还包含针对具体年级的实例，可作为教师在课堂中应用的样例和落脚点。

无论教授哪个年级和学科，熟练运用这些策略对学生掌握《共同核心国家标准》或其他标准来说都至关重要。“精准教学系列”中涵盖的其他教学策略，例如如何做到言之有理和引导学生参与综合认知任务，体现了如何满足严格标准所需的认知复杂性。作为一个系列，这些策略乍看起来似乎有些令人生畏。因此，本系列将在每本书中仅关注一个具体策略。

确定关键内容

教授全新内容时，离不开“确定关键内容”这一教学策略。教师更熟练地掌握这项策略后，就会发现学生理解和处理新内容的能力有惊人的改变。因为他们可以辨别哪些内容是关键的，并且理解已有知识是如何为复杂的认知提供支架的。学生不仅能够识别各标准要求的关键内容，还能在知识更加复杂精深的情况下，进一步学习、认知并为之欢欣鼓舞。不管是基于《共同核心国家标准》还是其他标准，你在确定和传达关键内容方面的专长可以让学生从中受益。花时间思考一下你能为学生未来事业成功做哪些准备，因为他们将在不久的将来面临职场上持续不断的信息轰炸。从信息洪流中区分出关键信息的能力已成为职场成功所必需的一项技能。这一教学策略不仅能帮助学生在课堂上抓住重点，还会帮助他们在未来的人生中也能够识别关键信息。

帮助学生把握重点的第一步：确定在某堂课上所包含的、学生需特别关注的重要内容。这一策略在帮助学生理解新知，与旧知建立联系，最终获得新知方面是不可或缺的。在实施各教学策略时，教师应认识到各策略间的依存关系和累积效应并为此做好准备。例如，一旦一位教师确认了（identified）关键内容，下一步就是与学生一同预习（preview），将关键内容组块（chunk），之后请学生处理该内容。学生处理好该内容后，教师则提出相应的问题，这些问题需要学生基于该内容做出推理或详细阐述（elaborate），以达到深化理解。教师监测学生是否内化关键内容的方法有：要求他们记录、陈述和回顾这一知识。教学策略并不是孤立地起作用，具有全面教学技能的教师能巧妙地融合各项教学策略，以达成非常重要的预期目标。虽然本书重点是“确定关键内容”，但仍强调各策略间的固有联系，如预习、记录和表征。

很多教学策略都可用于内容的教学，但对于第一次接触的教学内容，“确定关键内容”尤其重要。当面对全新知识、概念或技能时，有可能所有的或绝大部分的学生对此不熟悉，这时就需要教师强调以下几点：为什么开展新的学习很重要，新内容是如何与先前学习或经验联系起来的，以及何时新知识会成为必需和有用的。

如何有效实施“确定关键内容”

并不是所有学生都能像老师一样精通对重要信息的处理，所以你需要直接告知并明确教学生，哪些应对方式是你希望学生在意识到关键信息即将出现时应该采取的？哪些行动他们需要立即开始，比如记下期刊或词典中的新单词？新学年开始时有没有教授学生记笔记的常用方法，并加以练习以达到准确自如应用的目的？你是否希望学生在理解了关键内容时能通过做手势或在白板上写下答案来示意老师？如果你没有事先对学生的预期做出说明并进行示范，之后又没有持续监控学生对信息的理解情况，那么你也难以期望学生会对重要信息采取任何行动。

为了有效地传达关键内容，教师需要调整呈现信息的方式。实现这些调整，需集合一系列的方法用于提示学生即将介绍的重要技能和知识。本书后续介绍了很多传达关键内容重要性的方法。所以建议读者在阅读这些方法时，思考如何更好地运用那些自己偏爱的方法，以及如何更熟练地将不同方法用到尚未触及的目标学生群体上。

确定关键内容的几个行为：

◇强调那些能表明教学目标逐渐清晰达成过程的关键信息。

◇识别关键和非关键内容的异同点。

◇不断地激发学生，引起他们对关键内容的注意。

◇整合关键内容的跨学科联系。

实施该策略时，也要注意避免一些常见错误，这些障碍可能会导致教学背离初衷：

◇没有在授课之前找出某章、某单元或某份阅读材料的关键内容并展开阅读。

◇确定了关键内容，但是没有以最有利于学生学习的方式，将其重要性和学生沟通到位。

◇没有告知学生对某类重要内容应该怎么做。

未能正确确定关键内容

中小学教师容易将注意力放在他们已经教了数十年的学科内容上，而忽视极其重要的技能的教学，但正是这些技能可以为知识指明方向。如果你没能为学生确定明确的学习目标或国家标准，那么你需要对标准、标准与课程的关系有更全面的理解。为实现教学目标，在你的课堂上，技能和重要信息是否具有优先权？在上课铃响前，你就必须确定哪些重要知识和技能是要教给学生的。

未能有效传达关键内容的重要性

你是否有过这样的经历，在听完一堂课或讲座后会有这样的想法：“我都不知道应该从中学习或得到什么。”这可能是因为教师或演讲者没有将关键内容的重要性传达给你，以至于你无法找到重点。一堂课中的内容并不是同等重要的。有些学生天生可以理解这一点，而有些学生则不能，甚至某些学生还会陷入课程细节的泥潭。所以，提示学生什么是关键内容是有效课堂实施的关键。

未能沟通好所需采取的行动

在确定好关键内容，并传达其重要性后，教师不要忽视了给学生对该内容进行加工处理的机会。例如，有人提供了关乎你个人健康的关键信息，那么，你通常会想方设法去记住那些信息。你可以做笔记，或要求对方提供更多信息以确定哪些内容最关键。将这种技能教给学生是很有必要的。帮助他们意识到，听取了关键内容只是第一步，他们还需要采取一些行动才能使之变得有效。

监控预期结果

有效的实施不仅包括策略的运用，还包括实施过程中对预期目标达成证据检验的具体策略。换言之，策略的有效应用包含预期目标的实时监控。学生充分参与一节展示课是不够的，还需要解答以下问题：你的学生知道哪些内容是重要的吗？他们学会或掌握了所教授的内容信息吗？如果教师不专注于基于目标的关键内容，也不对预期目标的达成进行过程监控的话，一堂堂精心设计的课无论如何都将失去其意义。

有很多方法可以监控学生是否掌握了重要内容，监控他们是否可以区分重要和次要的信息。以下列举一些例子帮助你辨别学生是否可以从某堂课中确定关键内容：

1. 学生可以确定那些在课上强调的关键信息。

2. 学生可以说明主次内容之间的差异。

3. 学生可以对课上讲过信息的重要程度进行描述。

4. 课堂上的形成性数据（Formative data）表明学生专注于关键内容（如提问、手工制品）。

5. 学生可以说明关键内容在课堂教学中的实际进度。

本书为每一种方法都提供了对应的监控的案例。

开展支架教学和拓展教学以满足学生的需求

在监控各方法预期目标的达成时，你可能会发现有些学生无法确定关键内容，而其他人却很容易就能示证达成该策略的预期目标。因此，适应学生需求就显得很有必要了。对于那些需要提供支架教学和拓展教学的学生，你必须提前做好准备，以满足他们的需求。

对需要提供支架教学的学生，有四类支持可以提供：（1）教师(包括各种教学助理人员)和同伴提供的支持；（2）教师通过控制教学内容的难易度提供支持（例如为相同内容提供易读版本）；（3）教师将内容分解成小块使其更易处理；（4）教师给学生提供组织图或思路清单，一步一步地完成各个任务，指导和理清他们的思路。（Dickson, Collins, Simmons,& Kame’enui, 1998）

在后续章节中，介绍每一种教学方法时，都有对支架教学和拓展教学进行举例说明。支架教学为综合认知和学生自主学习达到精准目标提供了针对性支持。拓展教学则推动那些已经达成预期目标的学生达到更高层次的理解。本书提供的例子仅作为教学建议，还需要针对学生特定需求做出相应调整。为了满足各种学习者的需求，如英语学习者、接受特殊教育的学生、缺少支持的学生或仅仅是前一天没来上课的学生，可以使用本书提供的支架教学实例激发你的灵感。拓展活动则可以帮助老师为资优班的学生或那些已有一定基础且对学科有强烈兴趣的学生做准备。

教师反思

当你努力提升教授学生确定关键内容的专业能力时，反思什么是有效的、什么是无效的，可以帮助你在实施这一策略时更成功。我们希望能通过以下一系列反思问题来引导你。这些问题不仅包括反思如何开始实施教学的过程，还要反思如何逐步转向实施进程中那些帮助学生确定关键内容的复杂方法。

1. 你如何开始把部分策略融入到教学中？

2. 你如何提示学生哪些是重要内容，哪些不是？

3. 如何监测学生对关键内容的专注程度？

4. 针对学生的特殊需求和具体情境，你可以通过调整和创设新的教学方法来确定关键内容吗？

5. 当你调整和创设了新方法时，学生有何转变？

帮助学生确定关键内容的教学方法

有很多途径可以帮助你的学生高效地学习新知识，并最终掌握相应年级水平或内容范围的学习目标或标准。对于即将在某课或某单元中展开的关键内容，可以通过一些途径让学生对它们保持高度敏感，而使用什么途径则取决于你所教年级、内容和班级的组成。这些不同的途径或选择就是教学方法（instructional techniques）。在接下来的篇幅中，你可以找到如何实施这些方法的说明：

1. 口头提示关键内容。
2. 使用直导教学法传达关键内容。
3. 使用戏剧教学法传达关键内容。
4. 提供先行组织者以提示关键内容。
5. 视觉提示关键内容。
6. 用讲故事的方法提示关键内容。
7. 利用旧知提示关键内容。

以上所有方法都用相似的组织形式加以说明并且都包括以下部分：

◇对该方法的简单介绍。

◇有效实施该方法的途径。

◇实施时需避免的常见错误。

◇基于各精选的学习目标或标准，提供的小学和中学课堂的正例（examples）和反例（nonexamples）。

◇监控预期目标达成的途径。

◇为满足学生需求而进行支架教学和拓展教学。

教学方法 1
口头提示关键内容

要传达给学生某内容是重要的，最简单的、通常也是最快捷的方法就是直接告诉他们。这也是口头提示（verbal cue）教学法的本质。这听起来似乎太简单了，但当你有类似经历后就不会这么想了，例如对于已经教过的概念和技能，学生的提问却显示他们完全没有理解课的重点是什么。口头提示是有效地传达关键内容给学生的教学方法之一，它将帮助你有效地实施确定关键内容这一教学策略。

如何有效地实施口头提示

口头提示能有效地施行，在很大程度上依赖于准确地识别所教内容中的重要信息。使用优先标准（prioritized standards）和学习目标来确定关键内容，这些关键内容可能位于一个单元、一堂课或一些可理解的信息中。教师首先使用各种资源确保关键内容的准确性，然后计划如何将其重要性告知学生。这里有三种口头提示关键内容的方法。

直接陈述重要信息

直接、简洁以及肯定地陈述重要的信息。如果连你自己都对课堂上庞大的信息量不知所措，那么可想可知有些学生的感受了。你需要花一些时间确定中心论点和一些支持该论点的细节，并根据它们的结构确定如何陈述哪些信息是重要的。

调整语调以提示重要内容

学生可以从你的语调中得到重要内容的提示。利用这一点，向学生传达你所传授信息的重要性。对某些句子提高或降低你的声调，以帮助学生专注关键内容。这需要不断练习；不要犹豫，大胆尝试给自己录音，这也是学习实现这一方法的途径之一。

课堂呈现时在重点处停顿

展示新内容时，一个在关键内容处暂停的简单动作，让学生不仅有时间思考，也有时间向老师表明他们找到的重要信息，还可以提高他们在课堂上确定关键内容的能力。

常见错误

在教学中，从错误中吸取教训往往是痛苦的。提前知道可能出现的问题会增加这一教学方法成功实施的可能性。当你使用口头提示的时候，注意以下常见错误：

◇教师未能将关键内容分离出来，导致他只能做出一般性陈述，而不能提示关键内容。

◇教师过于频繁地使用某种口头提示，大量的重要信息使学生感到困惑和不知所措。

◇教师可能会太过频繁地停顿，或者停顿时间过长，让学生无法判断关键内容。

◇教师改变语调时没有一致性，使得不重要的内容反而听起来像是重要的。

课堂上口头提示的实例

以下是口头提示教学法的两个正例（小学、中学各一个）和与它们对应的反例。阅读时，请你回忆一下课堂上有过的相关经历。思考一下这些常见错误，注意正例中的教师如何巧妙地避免这些错误，而反例中的教师是如何因为犯了其中一个错误而无法达成教学目标的。

口头提示法在小学应用的正例

第一组正例和反例中的教学内容是小学阶段的倾听技能，这组例子说明了介绍关键内容时使用口头提示教学法的情况。参考的标准是《共同核心国家标准》（CCSS）的听说标准 K–5：遵循约定的规则展开讨论（例如，倾听他人的意见，轮流就正在讨论的话题和内容进行发言）(CCSS, 听说标准 K–5, p.23)。在正例中，教师从 “倾听他人” 开始，并确定关于倾听技巧的两个关键信息。粗体部分表示教师在此处改变语调提示后续的是关键内容。

> 同学们，早上好！今天我们要学习如何倾听。关于倾听有一点很重要，就是**当你在听的时候，不要说话**。还有一点很重要的是，**你应该注视正在和你说话的人**。我能看出来，你们现在正在听我说话。因为**你们没有说话**而是**用眼睛正在看着我**。

在简短介绍后，教师继续上课。他邀请一些学生作为自愿者来说明倾听的两个要点：不说话和注视跟你说话的人。在这个例子里，倾听是教师希望学生学习的一个新技能。在后面的教学中，当他要求学生与同伴交流时，他要用前面导入课上所使用的口头提示作为提示提醒学生。

口头提示法在小学应用的反例

与前面正例一样，以下的反例是基于相同的年级和相同的《共同核心国家标准》的倾听标准。

> 同学们，早上好！我们今天要讲**如何倾听**。我希望上完课后你们可以成为一个好的倾听者。倾听在学习中是一件重要的事情。我想大家都知道这一点，因为你们现在都非常安静地坐着，成为一个好的听众。我希望你们今天可以练习倾听。我这里有一些贴纸，当我看到好的听众，我会悄悄地给他贴一张贴纸。

这个反例中的教师没有真正地确定倾听技巧的关键内容。教师没能抓住重点而只是做了一般性陈述。在这一情境中，教师没有做出任何提示，提示什么是在倾听时至关重要的。上课之前，先用一到两句话对内容进行总结。这就是你需要提示学生的关键内容。

中学课堂中的口头提示

中学课堂中的正例和反例也是基于听说课程标准的。这是《大学与职业准备锚定标准》（CCR）的针对听说的“锚定标准 1”，它希望学生能准备并有效地参与到一系列在不同伙伴间进行的对话和合作中，并能在其他人观点的基础上，清晰而有说服力地表达他们自己的观点。

口头提示法在中学应用的正例

这个例子展示了一个高中社会课老师，他试图教给他的学生锚定标准 1 的具体方面：准备讨论的和研读研究的材料。他要在开场白中通过口头提示来传达这一任务的重要信息。教师升高或降低声调的地方进行了粗体标注，教师通过这种声调的改变来强调他希望学生掌握的两个重要项。

> 同学们好！今天我们要想一想和说一说**准备**和**参与**讨论的意义。今天的课有两件重要的事要记住，请将它们记到课堂笔记中去。第一个重要的事情是**准备，就是为讨论提前采取积极的行动，为讨论做好准备**。第二个重要的事情是**参与，就是在课堂讨论过程中采取积极的行动。**

在口头提示之后，教师将学生分成小组。要求一些小组尽可能多地列出以下问题的可能答案：为了一堂课你可以做哪些积极的准备？另一些小组列出这个问题的答案：在课堂讨论中可以采取哪些积极的行动以表明你正在参与？教师在课堂上巡视，查看每个小组列出的活动，并得出结论，学生们可以确定“准备”和“参与”的重要性。

口头提示法在中学应用的反例

中学课堂反例中的教师与正例中的教师使用了相同的开场白。仔细查看该教师在哪里犯了两个常见错误，正是这两个错误导致他错失了使用这种方法达成预期目标的机会。

> 同学们好！今天我们将要思考和探讨准备和参与讨论的意义。今天的课有两件事要记住，现在就请将它们记到课堂笔记中去。第一个重要的事情是**准备，就是为讨论提前采取积极的行动，为讨论做好准备**。第二个重要的事情是**参与，就是在课堂讨论过程中采取积极的行动。**
>
> 明天，我要求每一位同学都参与到对第二章的课堂讨论的准备工作中。记住，你们这节课的部分成绩取决于准备和参与的情况。

反例中的教师在他的课堂上遗漏了两个重要的部分：（1）给学生机会做一些与重要信息有关的事情；（2）监控学生是否理解了这两个重要内容。

判断学生是否能通过口头提示确定关键内容

要时刻关注学生是否知道重要的和不重要的内容之间的区别。为了区分有哪些人知道以及他们有多了解，可以针对你所教的年级和内容范围设计一个任务工具箱。这里就有一些方法可以用于监控你的学生是否通过口头提示理解了关键内容：

◇学生用不同颜色的卡片表示他们选出的答案，答案是从两个或更多选项中选出的一个。例如，学生从两张答题卡——“是”或“不是”中选择一张展示。教师注意那些选错的同学，并计划后续的跟进。

◇学生要有一个笔记本或学习日志，上面记录每一节课的关键信息。上课时将本子打开并放在课桌上，这样老师就可以检查学生记录的关键内容了。

◇学生将答案写在电子白板上，并把它们举起来让老师来读。

◇学生一起回答。教师注意那些回答错误的同学，并做到心中有数，这些同学需要更多的答题机会。教师要注意确保所有的学生都回答了问题而且能被听到。

根据使用口头提示关键内容的学生熟练程度量规来判断学生确定关键内容的能力水平。向他们解释为什么有些信息是重要的，为什么其他的信息是无关紧要的。

使用口头提示关键内容的学生熟练程度量规

新手入门	基本掌握	预期达标
学生能说出这节课的内容	学生能说出这堂课上的一些，但不是全部的重要信息	学生能成功地说出这堂课的全部重要信息
学生可以列出一些这堂课上的重要信息	学生可以说明课堂上哪些信息是重要的，哪些是不重要的	学生能准确地解释为什么有些信息是重要的，而其他的是不重要的

开展支架教学和拓展教学以满足学生的需求

随着你能够越来越熟练地确定关键内容和使用口头提示传达信息，你会发现你可以更容易识别出那些需要更多或不同教学的个体和学生小组。有些学生需要支持或通过支架教学帮助他们从现有的水平提升到他们应达到的水平，有的学生则需要更进一步的挑战，所以你必须拓展学生与关键内容互动的方法。以下的建议是为了进一步说明，它们可以作为聚焦学生确切需求的出发点。

支架教学

对口头提示的教学支持可能以多种形式呈现：进一步的解释、更多的词汇教学和指导性练习或是教师示范。教室的墙面可以用来提供支架。将学生能查阅的一些资料张贴出来用于确定关键内容，例如做一面词汇墙，画出关键点或一个流程中的重要步骤等。

拓展教学

有的学生已经熟练掌握了识别重要的和不重要的内容的方法，并且可以在更高的层次上运用重要内容，针对这样的学生，可以考虑开展拓展活动。这些活动可以拓宽和加深他们的知识。拓展学生与关键内容互动的方法有两种：对关键内容按优先次序进行排序和将关键内容进行分类。

教学方法 2
使用直导教学法传达关键内容

如果你没有意识到直导教学法向学生传达复杂概念和信息的作用，或者你有意识地避免任何可能被认为过于直接的教学方法，那么你应该对你的学生开展更加直接的教学。在所教信息或技巧非常基础，几乎不会失败的情况下，可以考虑使用直导教学法。如果学生学习感觉吃力，缺乏背景知识、词汇基础或有特殊需求，那直导教学法就至关重要了。教授关键内容的方式越直接，学生运用这些内容的能力就越强。重要的信息和技巧用直白的语言陈述出来，这样学生就不易产生混淆。

如何有效地实施直导教学法

直接确定关键内容

跟学生明确指出什么是重要内容。即使是赶时间进度或学生需要在之前课程基础上掌握本课重要内容，你都必须直接明白地确定每一组信息和每一节课的关键内容。如果你的课堂板书是用幻灯片展示的，可以考虑为每一节课至少准备一张幻灯片用于展示关键内容。直导教学法应该是简单、直白、清晰而又有条理的。它应该聚焦关键内容，避免使用无关的声音特效如铃声或哨声，因为它们可能会分散学生的注意力。

为关键技能、策略和程序做出示范

示范是传达关键内容的最有效的方法之一。在课堂上可以以多种方式呈现：

◇示证或示范学生如何应用一项技能、策略或程序。

◇示范应用该项技能、策略或程序时进行有声思维。

◇展示已完成的学生作业的正例和反例，帮助学生区分好的和不合格的作业。

将关键内容分解成易于消化的小块

学生在学习时需要有思考的时间。如果你一直赶进度，学生就没有机会加工和全身心投入到内容中。学生接收的如果是能立即处理的小块信息，学习过程会更高效。关键内容分解到多大并没有标准，但通常是，知道该内容的学生越多，内容组块就越大。采用以下建议呈现易消化的小块内容：

◇每次只呈现一个重要概念或观点。

◇呈现新信息后，给学生思考的时间，其间他们可以与同伴讨论，写下问题，或是在小白板上写下答案。

◇设计讲义时确保所有学生所需信息都在一页纸上。

◇每次只发一张讲义。

◇每次只给一个方向。

为重要概念开发学生友好型定义

学生友好型定义是指用一些简单的词汇来描述概念的本质，以使学生更容易理解和记忆。直导教学法需要一致的、易于理解的定义。将该一致性做法扩展到一个年级的所有班级及所有课程中，以便学生有更多的机会练习和掌握这些定义。

常见错误

教师希望全部学生都掌握所要求的内容和技巧。直导教学法能够保证那些接受基础知识有困难的学生有机会掌握得和那些理解力强的学生一样好。即使是教师有一些教学失误，理解力强的学生也能轻松赶上，但是，学习困难的学生则需要每个教师的完美课堂呈现才能理解掌握。在使用直导教学法时请注意以下常见的错误：

◇教师提供的是含糊或者笼统的信息。

◇教师引入关键内容时太快或拖沓导致直导教学的比例变得极少。

◇教师高估了学生已有的知识水平。

◇教师没有给学生机会对重要信息进行记录、讨论和提问。

◇教师呈现的风格分散了学生对关键内容的关注。

直导教学法的正例和反例

参考这些正例和反例时，仔细阅读、辨别常见错误并与如何有效实施直导教学的建议结合起来看。

直导教学法在小学应用的正例

第一个例子着重于标准：演示“字母 – 发音”的一一对应关系的基本知识，针对每一个辅音字母做出对应的最常见的发音 (CCSS Reading Standards: Foundational Skills K–5, p.16)。正例中的教师每次只教一个辅音。一项形成性评估显示班上的大多数学生都不能把 /s/ 发音和字母 s 联系在一起，因此教师选择对 /s/ 发音使用直导教学法。

> 今天我们要学一个新的发音。我们要学的新的发音对应于字母 s。我先示范这个发音，然后你们对这个发音进行多次练习。当你知道字母对应的发音，你就能够读出单词和读书了。听我说并注意看我的口形。
>
> 这是我们今天要学的新发音。（教师指向黑板上的 s。）这个字母念作 /s/。
>
> 教师指着字母同时说：一起来。发什么音？ /s/，对了。

教师和学生重复这一过程数次，教师同时观察学生的眼睛和口形，看他们当中是否有人有发音困难。在下一个教学环节，学生在没有教师帮助的情况下齐声回答。在这种直导教学过程中，每次只教一个发音，然后练习，直到掌握。

直导教学法在小学应用的反例

我们的反例也是关于学习字母 s 的"字母 - 发音"关系。

> 我有一个特别棒的新故事要读给你们听。[教师举起一本名叫**《萨姆的傻姐苏》**(*Sam's Silly Sister Sue*)的书。]有谁能告诉我从封面上你能看到什么?学生们指出上面有一个在滑旱冰的女孩。一只毛茸茸的狗和一个小男孩正在嘲笑她。学生们一致认为萨姆就是那个男孩,那个女孩就是傻姐苏,而那只狗可能叫斯波特。

教师为学生从图画中推断出来的信息而激动。而此时,她还要介绍本堂课最重要的信息:字母与它所对应发音的关系。接着,她大声朗读这个故事,同时她要求学生听到字母 s 的发音时竖起大拇指。

这个教师犯了两个常见错误。首先,她提供的信息模糊不清;其次,她还假定学生已具备相关知识能够从她的朗读中判断字母s和发音之间的关系。

直导教学法在中学应用的正例

这个正例来自高中地理课堂。学生的学习目标源于《大学与就业能力锚定标准》的阅读标准 1 的第一部分。该标准要求学生通过精读更好地理解文章确切的内容。在这种情境下,基于该标准,直导教学法需要教师进行直导示范和有声思维。教师示范可以给学生提供一种可行的方法,以理解有经验的读者是如何提炼文章意义的。

> 今天我们准备学习如何通过精读来更好地理解文章确切的内容。我准备给你们展示如何用三步来完成。(教师在屏幕上展示了一个相关的地理文章段落。教师已经判断出很多学生要弄清该课文究竟说的是什么很困难,所以他决定通过一个提问来引导他们阅读和思考。)
>
> 我常常发现,如果要同时阅读和记忆较长而复杂的内容是很困难的。

> 今天我将向你们展示如何一次只读一个句子，看它是否能回答一个问题。这个问题是，这段文章直接说是什么引起了地表的改变？**第一步先读一个句子。第二步判断这句话是否能回答这个问题。**让我先来做个演示。（教师先大声朗读段落的第一句话再重读一遍题目。）当我读这句话时，我找不到任何能告诉我地表发生改变的原因。所以我的答案是不能，这个句子不能回答这个问题。**第三步解释为什么这个句子不能回答这个问题。**我认为第一个句子告诉了我们这一段话在说什么，但是没有告诉我们地表发生改变的原因。

教师以相同流程为学生示范下一个句子，之后再让学生自己尝试。

直导教学法在中学应用的反例

> 今天我们准备讲解新单元中的第一章内容：随着时间的推移，地表是如何变化的。我希望你们读第一部分时集中注意力。你需要从中尽量提炼出段落大意。这样你才能用一句话总结回答以下问题：这段文章表明是什么引起了地表的改变？

这位教师没有提供任何示范。他没有将阅读材料分解成易于学生消化的小块，而是要求学生阅读整个段落并写出摘要。很多学生可能无法完成这一任务。

判断学生是否可以通过直导教学法确定关键内容

在小学案例呈现的直导教学法脚本中，可以非常简单地监控学生识别关键内容的能力。齐声回答时，师生之间频繁的互动为监控学生提供了很多机会。当你越来越熟练于引导学生集体回答问题时，你可以尝试随机地叫单个学生起来回答问题。这种随机提问有两个用意：（1）它让所有的学生都参与并预测下一个问题；（2）它让那些对关键内容仍不确定的学生有机会听到正确的回答。

当有一个学生给出一个错误答案时，不要吝于纠正他，可以快速用正确答案做出示范，然后继续上课。之后再回来给这个学生一个正确回答的机会。完成这种监控只需要用几秒钟的时间，还可以用它检查学生对已学课程中关键内容的记忆。学生在这种师生问答交互的有序课堂氛围中，即使回答错误也只是暂时的受挫而不会影响他们对学习的信心。

从中学阶段关于理解技巧的直导教学案例可以看出，监控学生确定关键内容的能力取决于你为他们提供有声思维和示范的质量和频率。当你的思维变得透明时，学生会跟随你的指引，很快就会乐意分享他们阅读后的想法。这是监控学生是否区分出关键内容的最有效方法。提前计划好如何以及何时为学生提供机会，让他们跟同伴或全班分享想法，然后你可以倾听并检查他们是否知道哪些内容是关键的。

使用直导教学法的学生熟练程度量规可以判断你的学生是否已经达成该方法的预期目标。如果你计划在课堂中实施直导教学法的话，可以复印一份作为参考。

使用直导教学法的学生熟练程度量规

新手入门	基本掌握	预期达标
学生能给出与课上重要信息相关的答案	学生对课上的重要信息能给出准确的回答	学生能对课上的重要信息给出全面、准确的答案
学生可以说出一些关键内容	学生能就关键内容展开讨论	学生能成功地处理关键内容

开展支架教学和拓展教学以满足学生的需求

为了满足不同学生的需求，可能需要你在教学设计时，同时考虑到学习困难的学生和优秀学生，以提高他们在课堂上的自主性。

支架教学

有个别或小部分学生经常看似日复一日或就在这一天中没有理解或记住关键信息，面对这些学生时，如果你不知道如何开展教学，可以尝试用以下方式调整教学：

◇增加提醒、复习和重教学生所需掌握的关键内容的频率（例如重要的专业词汇）。

◇为学生提供一本课堂教学或与学科相关的参考书，里面有高频的词汇或单词拼写、规则、程序和目录，当学生有困惑的时候可以进行查阅。

◇为确定关键内容建立一套具体、一致的课堂规则，便于学生识别相关提示。

拓展教学

有的学生可能需要通过关键内容的确定促进他们的课程学习，这对他们来说是一个额外的挑战。可以尝试用以下方法拓展直导教学：

◇对那些能快速解析重要信息的同学，要鼓励他们把重要信息按重要程度进行排序。

◇对那些已经熟练掌握如何确定关键内容的同学，要求他们创建一份“速查表”，这份“速查表”包含关键内容以及是什么引导他们发现关键内容的。这可以用于帮助那些没有熟练掌握这一过程的同学。

教学方法 3
使用戏剧教学法传达关键内容

对有的学生，如果用其他方法都不能很好地帮助他们掌握新知识，那么把关键内容表演出来可能会有效。这种表演并不需要局限于正式的台词和冗长的演讲。学生将数学事实（math facts）付诸行动，或者把手势和关键词汇联系起来都是戏剧教学法的一种方式。

如何有效地实施戏剧教学法

可以选择的戏剧教学法有很多，包括角色扮演、小品、朗诵、手势和舞蹈等形式。以下是你在设计课程时需要记住的几个关键点。

只选择一种戏剧教学法

如果你有戏剧天赋又为课后戏剧社团做辅导的话，你很容易将刚才提到的几种戏剧教学法结合起来应用。请记住你的目的是给学生以提示，让他们记住你所呈现资料的重要性，而不是要完成一部完整的作品。

检查是否与学习目标一致

课堂时间非常宝贵，所以与关键内容无关的戏剧教学不管多有趣，都不适合在课堂上呈现。如果你不能确定准备的戏剧教学和关键内容之间是否有联系的话，可以征求你同事的意见。准确地解释你想要做什么以及如何与内容产生联系的，如果你没法做好一个案例的话，那最好放弃这个想法，转而寻找其他替代方法。

排练，排练，再排练

在教室实地走一遍上课的流程。如果学生从来没有用形体动作描述过词汇的意义，那么你需要举一两个例子作为示范。为戏剧教学建立相应的规则，例如教室中的个人空间和动作。通过多次细致的排练，决定在哪里在何时使用你的声音和肢体动作以及这个戏剧化的教学要持续多久。

学生需做出总结

确保给学生机会解释表演是如何呈现关键内容的。否则你会发现，有的学生虽然成功地参与了表演，但是却没有理解表演是如何与课程内容相联系的。

参与的学生越多，效果越好

有时候会忍不住叫那些特别有表演天赋的学生来演小品。因为这会让绝大多数的学生爱上这样的演出，但是这些观众却失去了与新知识互动的机会，而这些新知识正是你希望他们掌握的。任何时候都不要仅仅展示戏剧演出，而是要全体学生参与其中。

常见错误

以下是教师在实施戏剧教学法传达关键内容时的一些常见错误：

◇教师没能在表演与关键内容之间建立明显的联系。

◇教师只让少数学生参与到演出中。仅仅做观众的学生与那些用面部表情、手或肢体进行表演、运动或演示的同学相比，不太可能对关键内容的掌握达到相同程度。

◇教师自己完成了所有的表演活动但没有让学生参与。这样学生无法从戏剧教学法中获益。

◇教师没有要求学生对表演进行总结。这样做意味着有的学生可能无法在戏剧教学与关键内容之间建立起关系。

戏剧教学法的正例和反例

以下提供的案例可能与你所教年级或科目不同。你可以采取一个同事的全新视角来看待这些案例，并利用这些案例发现新的方法或者用另外一种方式思考教学。

戏剧教学法在小学应用的正例

对在英语词汇学习过程中需要额外辅导的学生，第一组正例和反例说明了如何在课堂的词汇教学中使用和不使用戏剧教学法。

参考的具体标准是：通过定义、选择或将意义表演出来，以区分在强度和方式上不同程度的动词（CCSS，语言标准 K–5，p.27)。教师第一次对一组单词用戏剧教学法进行教学：look，peek，glance，stare，glare 和 scowl。在这堂课中，学生需要将单词的意思表演出来，教师则把提示贴在公告板上供学生参考。在此基础上展开对戏剧化教学的支架教学和拓展教学，通过增加正确的面部表情或手的动作（如果需要的话），学习困难的学生将获得掌握单词词义的第三次机会；同时，向优秀学生提出挑战，要求他们编写一个结合单词和面部表情的短剧。

（学生坐在地毯上，前面放着一块黑板，黑板上列出单词和词义以及单词的图片提示。）

周一我们开始学习了一些新单词。单词、词义和帮助你们理解词义的图片提示都在黑板上。今天我们准备再为每个单词做一件事，来帮助我们理解它的意思，那就是把单词的意思表演出来。让我来示范一下怎么做。

[教师指向单词“peek”（偷看），发音，再指向图片提示，读出单词的意思。然后将单词“peek”的意思表演出来。] **大家也来表演一下什么是“peek”。太棒了！我正在偷看我的学生。你们在偷看谁呢？**（学生回答：“老师！”）

我要表演另一个单词。[教师开始表演单词“scowl”（怒视），然后读单词并说出它的意思。] **我正在对你们“scowl”。这只是假装在怒**

视你们因为我并没有生你们的气。现在，每个人都表演一下"scowl"。好极了！现在表演一下"peek"。接下来我指向哪个单词，请你们跟着做出对应的表情。

所有小组的学生都可以做出生动的面部表情来匹配单词"peek"和"scowl"。当学生们开始掌握这组单词的细微差别，并开始用英语对它们进行定义时，这种教学会更有戏剧性。教师在整个教学过程中都要检查学生是否可以将面部表情和单词对应起来，并能看图将单词读出来，并对每个单词做一个口头的解释。

戏剧教学法在小学应用的反例

反例中的教师使用的教学计划与正例中的相似，但是她没有对课堂上的重点进行标记。她的学生始终没有尝试做任何的表情，直到下课她都没有对学生的掌握情况进行监控，没有看学生是否能将面部表情和单词的词义对应起来。

戏剧教学法在中学应用的正例

中学的正例和反例都来自高中生物课堂。基于《新一代科学教育标准》（HS-LS1-4）：通过一个案例示范说明细胞分裂（有丝分裂）和分化在产生和维持复杂生物体生命中所扮演的角色。高中生物老师在这个例子中会要求他的学生对有丝分裂进行模拟，从而帮助学生理解细胞分裂的过程。

教师在课程开始时让学生先复习上一节课的笔记和活动，上节课中他们已经学习了有丝分裂的目的和过程。教师并没有让学生背诵有丝分裂过程的各个步骤，而是让学生分小组进行头脑风暴，思考如何将有丝分裂的过程表演出来，主要关注细胞增殖时要克服的重重困难。当学生们在设计他们的表演时，教师来回巡视并在需要时给予指导。教师让各组之间互相表演给对方看，而没有让每一组都向全班进行表演。表演了有丝分裂后，各小组再总结他们的表演是如何演示有丝分裂在产生和维持复杂生命体中所扮演的角色。

戏剧教学法在中学应用的反例

反例中的教师设计了一堂类似的课，但是她没有要求学生对他们自己的表演进行头脑风暴，而只是在一组同学表演时进行了指导和帮助，其余的学生只是观看了表演。这样做也是一种有效的模拟，但是没有坚持完成教学的最重要的环节——学生参与和监控，监控学生是否理解有丝分裂过程，学生能否总结他们的表演是如何演示有丝分裂在产生和维持复杂生命体中所扮演的角色。

判断学生是否可以从戏剧教学中确定关键内容

监控过程应始终包含两个部分：（1）学生的行为，能体现该方法的预期目标（在这个例子中，即陈述戏剧教学中的关键内容）；（2）教师的行为，能在教学中检测预期目标并对学生的进步做出回应。这里有几个在戏剧教学过程中进行监控的例子：

◇学生把朗诵或小品向同伴做出总结。与此同时，教师快速地在教室中巡视，听取学生的口头总结，确保学生可以确定关键内容。

◇学生快速地将关键内容对应的手势记录到笔记本上；教师检查他们是否能将手势与内容对应起来。

◇学生用本堂课的关键内容来解说这些表演，教师确定学生的解说是否能把两者对应起来。

使用戏剧教学法的学生熟练程度量规展示学生熟练程度范围，即教师通过使用戏剧教学法，帮助学生提升某一课程的关键内容的能力，用量规反映你精心设计的方法是否达成预期目标。

使用戏剧教学法的学生熟练程度量规

新手入门	基本掌握	预期达标
学生能参与到戏剧教学中	学生可以解释戏剧教学与课程的联系	学生可以将戏剧教学与本堂课的关键内容对应起来
学生能确定一部分戏剧教学的关键内容	学生能用一些关键内容来讨论戏剧化教学	学生可以准确地用关键内容对戏剧教学进行讲解
学生可以讨论戏剧教学中的部分内容	学生可以对戏剧教学中的关键内容进行陈述	学生可以准确地总结戏剧教学中涉及的关键内容
学生可以陈述一些关键内容		

开展支架教学和拓展教学以满足学生的需求

总有学生不能在第一次听到关键内容时就可以掌握它们。同样，有的学生在你开始教以前就已经会了。为了满足这两类学生的需求，需要你不断地调整教学。教师在设计教学时如果能更多地考虑到全部学生的需求，那他就能够与每一个处在不同程度的学生一起更加接近其目标。以下是开展支架教学和拓展教学的几个建议。

支架教学

◇如果学生很难从戏剧教学中提炼出关键内容，那就创造一些与戏剧教学有关的句子。写一些包括关键内容的，一些不包括关键内容的。请学生对它们进行分类，分成重要的和不重要的两类。

◇对于有些同学来说，把你在课堂上介绍的手势画下来可能是很困难的。

你可以为这些学生提供印有这些手势的小图片，这些图片可以粘贴到他们的笔记中，或者作为学生模仿的样本。

◇如果学生没有在戏剧教学和关键内容之间建立联系，那么就通过提一些问题来帮助他们理解这种联系。

拓展教学

◇让学生完成一个原创的短剧、朗诵、一组手势或者一组舞蹈动作来表达关键内容。

◇让学生评估其他同学的作品，在其中选出最能说明关键内容的一个，并说明理由。

教学方法 4
提供先行组织者以提示关键内容

先行人员（advance man/woman）是指在重要节目前上场的人，他的任务是暖场和提高上座率。在古代，先行人员会在马戏团到来前到城里贴满海报，吊足年轻人的胃口。今天，先行人员通常是那些在政客之前到场的工作人员，以确保现场有成群热情的支持者。

心理学家奥苏贝尔（David Ausubel,1960）创造了“先行组织者”（advance organizer）这个词，描述教师如何帮助学生激活先前的知识和经验，并将其与新的学习联系起来，从而记住课堂上呈现的概念和信息。 自从奥苏贝尔第一次提出这个术语之后，它就被多重解读过，所以“先行组织者”这个概念已经具有了多重含义。它可以用来描述一个非语言表述的概念，或者它可以仅仅由口语词汇组成。

教师可以使用非语言的或语言的组织者，围绕关键内容和非关键内容，帮助学生识别和组织他们的思想。使用先行组织者是一种方法，可以为即将开始的课程提示关键信息。一个有技能的教师可以使用不同的方法，比如先行组织者，优先确定关键内容，并让已经建立起来的联系变得更强。比如，教师可以口头上确定某堂课的三个中心目标，然后利用一个先行组织者在先前知识和学习目标之间建立起明确的联系。

如何有效地使用先行组织者

以下有效使用先行组织者的步骤可以给你的教学带来一些启发性建议。请不要把它们当成是必须完成的清单。需要考虑到教师的特长、学生的需求，以及所教课程的特征，关注适用于你所教授内容的最佳步骤。

界定先行组织者的范围

以下是你在设计先行组织者时可能采取的各种方法。不要尝试用多于一种的方法，以免学生因此忽视关键内容。

给学生一张全局图

如果你正要开始一个新的教学单元，该单元又有很多组成部分，那可以通过设计先行组织者给学生提供一份概览表或一张全局图（a big picture），让学生对该单元有一个概览。例如，你可以提供一个包含框架的组织者，学生可以每天在框架上写上关键内容，或者你可以选择在一个大白板上设计一个概念图，让学生每周轮流填写各种关键内容。最初提供的先行组织者中的全局图可以作为学习参考，贯穿整个单元的学习。

建立新旧学习的联系

使用先行组织者的最有效的方法之一，就是将新的学习与先前的学习联系起来，并向学生展示新的知识和技能将如何在未来为他们服务。有效能的教师利用每一个可能的机会帮助学生用每天学到的关键内容充实全局图。

选择一个比喻组织教学和学习

精心挑选的比喻可以帮助学生在几周乃至几个月的课程期间牢牢抓住关键内容。试着用一些比喻，比如把学生对关键内容的记忆比喻成电脑的硬盘存储，把解决问题的一系列策略比喻成工具包，把阅读或写作过程比喻成侦探或调查记者的调查工作。

先行组织者要尽量简单

一个先行组织者的首要目的是传达关键内容。虽然它也可以很好地完成其他任务，但是不要让你的先行组织者负载太多的信息，否则学生们就不知道哪些信息是重要的了。

呈现材料

有很多方法可以在一个先行组织者中呈现关键内容。最简单的方法是对关键内容进行陈述，并向学生解释他们为什么需要了解这些内容。另外，可以问学生：关键内容是如何与他们的生活相联系的？

调整先行组织者以适应教学内容

有部分学生可能对内容和先行组织者比较了解，但有些人可能并不了解。所以你要解释为什么选择一个特定的先行组织者，以及如何使用它。根据你对学生和题材的了解，设计一个最适合的先行组织者。

遵守原则

先行组织者的作用有很多：提醒学生要有全局观；把课程的关键内容与旧知联系起来；重申关键词汇。但在这些过程中，请记住：先行组织者的目的是帮助学生专注于关键内容。如果你试着做太多，可能会让学生很难区分哪些是重点，哪些不是重点。

常见错误

大多数教师都经历过由于一个失败的开场而导致整堂课沮丧的感觉。如果我们能从别人的错误中吸取教训，尽可能避免这种沮丧感受，课堂效果将会更好。在使用先行组织者时，最常见的错误是：

◇教师提供过多信息，学生疲于应付，导致他们无法确定关键内容。

◇教师高估了学生已有的知识水平。

◇教师创建的先行组织者太宽泛，没有聚焦于课的关键内容上。

◇教师创建的先行组织者没有涉及关键内容。

◇教师创建的先行组织者缺乏结构或结构不清。

◇教师创建的先行组织者不适应学生的发展水平。

先行组织者的正例和反例

以下的正例和反例展示了引入先行组织者的过程。

先行组织者在小学应用的正例

学习目标参考 CCSS 写作标准（幼儿园至五年级）（K–5）：要求学生就他们眼下所读的书写下观点，包含对该书的主题或书名的介绍、观点和理由的陈述，以及相当于总结陈词的结尾。在这个例子中，教师以“陈述一个观点”这一短语开始，并确定了与该任务相关的两个关键信息。教师把先行组织者创建成一种既能向学生提出学术挑战，又能传达关键内容的方法。

> 今天我们要学习如何提出观点。以下是你在提出观点时需要知道的重要信息：**观点是你对某件事的看法。提出观点是在告诉别人你对某件事的看法**。例如，我对这个周末观看的电影有我的观点。记住：我的观点是我对电影的看法，而不是有关电影的内容。我会给出我的意见，或者我对这部电影是怎么看的，比如它真的很有趣。

先行组织者在小学应用的反例

该反例基于相同的年级和学习目标：陈述一个观点。

> 这个周末我看了《冰雪奇缘》这部电影，这个电影很糟糕，（许多孩子很快大声喊道他们不同意老师的观点。）等等。我只是陈述一下我的观点。我能看出你们都有不同的意见。但是我们都有权发表自己的意见。

这个反例中的教师犯了一个常见错误，即给出的信息太多，让学生不知所以。他们更关注于自己的观点而不是学习其他观点。在教师传达关键信息“什么是观点，如何提出观点”之前，学生们都只是在表达他们对电影的看法。一些学生可能有关于发表观点的预先认知，但那些没有这一认知的学生很容易断定这只是早晨例行内容的一个新部分，主题是说说周末大家看过的电影。

先行组织者在中学应用的正例

中学阶段的正例和反例都基于以下学习目标：基于证据对自然资源的可获得性是如何影响人类活动的并做出解释。正例中是一位高中科学老师，他正在教授如何撰写针对具体学科内容的论证。学生将学习如何精确地提出论点（claims），将论点与不同或相反的论点（alternate or opposing claims）区分开来，并在论点、反论点（counterclaims）、理由（reasons）和论据（evidence）之间建立起具有明确联系的组织，以上联系都是基于对应的 CCSS 阅读标准。该教师认为先行组织者不仅能完成其主要任务，即传递与该技能相关的关键信息，而且还展示了这些关键信息如何能在未来为学生服务。

> 今天，我们将开始学习怎样撰写关于自然资源的可利用性如何影响人类活动的论证。我将为你们示范过程中的各个步骤。今天的任务是理解三个重要的术语：论点、理由和论据。你们可能认识这些术语，因为电视剧中警察和律师经常使用它们。你们需要把这些术语放到撰写论证的背景下，对它们在刑事司法中的意思做出解释。**论点是指被证实的观点。理由是指更具有针对性的支持论点的陈述。论据是指你通过阅读获得的支持论点的文本证据。**

教师继续为这三个词提供了正例和反例，并多次重申这些学生易于理解的定义和相关案例。之后他分发图形组织者（graphic organizers），并指导每一个提前组织好的学习小组浏览自然资源这一单元。他要求学生完成三个任务：提出一个可能的论点，即自然资源的可利用性如何影响人类活动；至少从科学视角选择一个理由来支持这个论点；从文本中抄下一句话，该句子要能支持选定的理由。当学生们在他们的小组中学习时，教师巡视，倾听他们对关键内容的讨论，并朗读他们写在图形组织者上的信息。

先行组织者在中学应用的反例

反例中学生也有同样的学习目标：能够撰写论证，论证自然资源的可利用性如何影响人类活动。学生学习的也是相同的自然资源的单元，并且他准备确定学生需要知道的关键内容。

> 我在黑板上写了三个词：论点、理由和论据。这些词让你想到了什么？（学生们头脑风暴的情境类似于有关犯罪证据调查的情形。）我喜欢法律惊悚小说和谋杀推理小说，但我们不会在这门课上讲。我们将通过阅读教科书来寻找与自然资源相关的论点、理由和论据。拿出一张纸，在最上面写上论点、理由和论据。现在，我们来看看这一节关于自然资源的内容，并找出关于自然资源可利用性是如何影响人类活动的论点、理由和论据。

反例中的教师的错误在于他没能清楚地定义关键内容。如果没有做到这一点，学生们可能无法与这一课的关键内容进行互动。教师给出了一个模糊的先行组织者，在课程中，该组织者没有为学生始终聚焦关键内容提供支持。先行组织者的目的是帮助学生确定什么是重要的，并在整个课程中学生对它保持关注。这个反例没有帮助学生做到这一点。

判断学生能否通过先行组织者确定关键内容

只有当学生知道哪些内容是重要的，哪些是不重要的时候，你才能说先行组织者达到了预期目标。为了这个目的，有两件事必须完成：

1. 学生需参与到某种活动中，这些活动需要他们示证自己知道先行组织者中的关键内容。

2. 教师需进行某种监控，如倾听、查找、阅读、检查，或其他能确定学生知道关键内容的方式。

这两步过程确保了师生履行自己的职责。它让你知道你的先行组织者是否能帮助学生专注于关键内容。以下建议供参考：

◇当学生正在填写先行组织者时，教师随时查看学生的进展，以确保他们确定了本堂课的关键内容。

◇要求学生向同桌说明他们想要通过先行组织者记住的重要内容。教师巡视并听取他们关于关键信息的讨论。

◇要求学生写下一个关于先行组织者中的关键内容的问题，向同桌提问。当学生讨论答案时，教师巡视、倾听。然后让学生提交他们不能回答的问题，教师为全班同学解答。

◇要求学生在先行组织者中突出标记关键内容。教师巡视并检查学生是否标记在了正确的关键内容上。

当你使用不同的先行组织者传达关键内容时，可以通过学生熟练程度量规确定学生掌握的情况。

使用先行组织者的学生熟练程度量规

新手入门	基本掌握	预期达标
学生对课堂上的重要信息能做出回答	学生对课堂上的重要信息能做出准确的回答	学生对课堂上的重要信息能做出全面、精确的回答
学生能陈述部分但不是全部的课堂上的重要信息	学生可以说明课堂上哪些信息是重要的	学生可以解释为什么课堂上有些信息是重要的或不重要的
单独提问的时候，学生可以复述关键信息	单独提问时，学生可以用课堂上基本正确的关键信息做出回答	单独提问时，学生可以用课堂上的关键信息做出回答

开展支架教学和拓展教学以满足学生的需求

面对那些早已掌握内容的学生，你会怎么处理？对那些很难跟上进度的同学呢？你都必须做出调整。那意味着为了满足不同类型学生的需求应分别采取支架教学或者拓展教学。

支架教学

用更直白的教学方法再重新介绍一遍关键内容，学生困难的学生也许可以从中受益，或者提供一个有更好的结构和指导的先行组织者也可能会有效。你可以给学生提供句子的开头（sentence starters）用于完成先行组织者，或者为学生提供将要用到的关键词列表。

拓展教学

你可以让优秀学生调整先行组织者，从而与相关课程的关键内容联系起来。你可以要求优秀学生开发一种能对先行组织者的关键内容做出反馈的工具，从而将其思维推向更高的层次。你也可以考虑让那些用过先行组织者的学生开发他们自己的组织者，以更独特的方式传达关键内容。

教学方法 5
视觉提示关键内容

视觉提示法是指使用一种或多种视觉媒体传达关键内容给学生的方法，媒体包括视频、演示、交互网站、故事板、图形组织者、插图、照片、卡通、艺术作品（例如绘画或雕塑），以及演示幻灯片（PPT）。本书中其他章节里介绍了视觉提示法与其他方法的结合使用。例如，教师在告诉学生什么是重要的同时，指着一张图片或者同时在黑板上绘制一张图表。或者教师在讲解一张流程图时使用直导教学法，这样学生可以弄清解决问题的每一个步骤。

然而，本章我们要把注意力集中在视觉提示法上，以此作为传达关键内容的首选方式。吸引学生的眼球可以有效地抓住他们注意力并促使他们与内容建立联系。一段震撼的视频剪辑，一张富有感染力的照片，或者一个高质量的图形组织者，都有可能让最不愿意学习的学生投入到关键内容中去。

如果你是一位有经验的教师，你就会知道有些课程相比其他课程更难教。视觉提示也许正是让一堂课更加难忘的法宝。当你和学生需要一个视觉上的冲击来提示新知识的重要性时，选择的视觉提示应该是一个能够激励、参与、指导和连接到先前学习的完美方案。

如何有效地进行视觉提示

下面是在应用视觉提示法时要牢记的一些事情。

发挥你的特长

当你选择使用视觉提示的类型时可以依据自身的特长爱好。如果你喜欢摄影，并且有一些原创照片，那就用它们吧。你拥有这些照片的版权，并且为它们注入了个性风格。如果你擅长制作精美的幻灯片演示文稿 (PPT)，那就开发一个简短的幻灯片来提示关键内容。通过与同事合作并分享成果可以不断丰富你们年级或部门的可视化素材库。

避免使用有争议的、有问题的或容易被误解的视觉提示

注意避免任何可能引起争议或不恰当的素材。如果有疑问，可以征求组长、领导或经验丰富的同事的意见。因为你的目的很简单，只是想让学生知道哪些内容是重要的，哪些是不重要的而已。

建立起紧密联系

不要忘了你使用视觉提示法的目的，即帮助学生获得新的知识。首先确保你能向自己说清楚你选择或制作这个视觉提示的原因，并能同样解释给你的学生听。如果选择的视觉提示与关键内容之间的联系太弱，或者需要具备无关的先验知识才能理解，那么最好用别的方法来提示关键内容。

对视觉提示进行测试

向同事展示你的视觉提示材料，并征询对方认为你想表达的是什么重要内容。对方的回馈可以告诉你是否已经达成目的。如果没有，就调整提示，以便让你的学生准确地知道基于视觉提示的关键内容。

常见错误

视觉提示关键内容时，有很多情况下可能使学生混淆或跟不上：

◇教师选择的视觉提示内容太难或太广，学生难于理解。

◇教师选择了一种视觉提示，但没有强调他想让学生理解的关键内容。

◇教师没能解释清楚关键内容和视觉提示的关系。

◇视觉提示太过隐晦，学生无法理解。

◇教师使用的视觉提示要求学生具备他们没有的先验知识。

◇视觉提示太有趣，致使学生们只关注它的娱乐性，而不能确定和记住

其中的关键内容。

◇教师选择的视觉提示可能被认为是不恰当或有争议的。

◇教师过度使用视觉提示，致使学生开始无视。

课堂上的视觉提示教学法

这里所描述的视觉提示教学法比在黑板上画一个草图或者指着课本上的一张照片更有目的性，也更复杂。它需要进行准备以及时间的投入。以下是来自小学和中学课堂的正例和反例。

视觉提示教学法在小学应用的正例

这个基本的案例说明了在介绍阅读理解的关键内容时如何使用视觉提示。参考的标准是 CCSS《大学与职业准备锚定标准》阅读标准 1：精读以确定文章确切的内容，并从中得出合理的推论 (CCSS 阅读标准，幼儿园至五年级)。在下面的例子中，三年级的教师准备了一张海报，在课上用作视觉提示。开始上课时海报是被遮着的。海报上是一幅卡通画，画的是一个拿着超大放大镜的侦探。

我知道你们很想看看画架上有什么。当我提起黑色的布帘时，我希望大家保持安静，然后我会请一位同学告诉我你看到这张海报时想到的第一件事。如果有人已经说出了你想的答案，请把手放下。（学生们回答侦探、犯罪、警察、线索和证据。）

今年，我们将像侦探一样阅读。每次阅读的时候，我们都会寻找两种线索。第一种线索显示出作者要确切地告诉我们的内容，这些线索就在字里行间，它们很容易找到。我们还要找一些不能直接在书本上找到的线索。你必须像侦探一样阅读，用你的侦探大脑去寻找那些隐藏的线索。现在让我告诉你是如何做到的。（教师在黑板上写下一个句子，并向学生示范了她是如何首先找到第一条线索，确定作者要告诉读者的内容的。然后她提出了一个推理问题，而且这个问题学生只能从他们已有的知识和经验中找到答案。之后，教师将她如何使用她的侦探大脑寻找隐藏线索而进行有声思维。正是这种思路帮她找到了答案。）

当你像侦探一样阅读时，有两件重要的东西需要你去寻找：一是字面上的线索；二是隐藏的，你只能在你的侦探大脑中找到。

（为了练习这一技巧，教师将一组陈述与相应问题一起分发给学生。学生需要先在文字中寻找线索，然后从他们已有知识和经验中找到隐藏的线索。学生两个一组完成作业，教师在课堂里巡视，检查他们的作业。）

视觉提示教学法在小学应用的反例

在小学课堂上的这个反例中，教师在为学生准备的作业纸上使用了侦探图形，她认为在向学生解读作业的时候，学生可能喜欢给侦探涂色。她并没有说明侦探的重要性，因为她以为学生能够将侦探的侦查方法与细致的读者的阅读方式联系起来。教师解释了如何回答作业纸上的问题，但并没有涉及视觉提示，也没有将阅读与侦探图形联系起来。

这个教师犯的错误是她没有把课程的关键内容和视觉提示联系起来。如果没有在它们之间建立明显的联系，许多学生是无法将它们联系起来的。因此，她费时在学案上设置的视觉提示完全被浪费了。

视觉提示教学法在中学应用的正例

在中学的正例中，教师希望学生们理解如何欣赏和解读一幅政治评论漫画，以此来分析历史背景是如何塑造和继续塑造观点的。

注意，我们黑板上有两幅漫画。一幅是来自本周的校报《红鹰新闻》，另一幅是1975年校报上的内容。我们将通过它们来学习如何“读”漫画，并分析历史背景如何塑造和继续塑造人们的观点。读一幅漫画与读一本书或一篇文章还是有点不同的。

让我们集中注意力从近期的这幅漫画开始。首先，阅读标题，看看你是否能确定出这幅漫画的主要内容。这幅近期的漫画大家都已经很熟悉了，但是你可能需要稍微多花一点时间来弄清楚 1975 年那幅漫画的细节。

请注意，这幅漫画里有一个 Q 版人物画像（caricature），就是指夸张的甚至是幽默的人物画像。这幅漫画画的是我们的篮球教练。我们知道洛芙兰先生的耳朵并没有那么长，他的胡子也不是那样乱蓬蓬的。有时候这是政治漫画中很重要的一部分——对事件中的当事人的 Q 版画像。还要注意，这幅漫画中有一个象征符号，用于代表某种想法的对象。在我们的漫画中，印第安人的侧面像就是红鹰队篮协主席的象征符号，我们的球队就是以这位有争议的主席的名字命名的。在本节课后面，我们还要学习这个象征符号是如何从 1975 年演变至今的。

当你"阅读"一幅政治漫画时，还有一件事要做，就是要思考漫画家试图传达的观点或信息，以及他 / 她是否有何特别的偏见。我们将花一些时间来讨论这个问题，以便分析历史背景如何塑造和继续塑造人们与漫画相关的观点。

（教师指着漫画的不同部位，提醒学生如何阅读一幅漫画。）让我们来回顾一下阅读政治漫画时的要点：（1）阅读标题并确定漫画的主要内容是什么；（2）找出能帮助你理解漫画意义的 Q 版人物画像；（3）寻找可能代表某一观点或看法的象征符号；（4）找出漫画家试图传达的观点或信息。

为了帮助学生回忆所学的知识，并检测学生是否掌握了阅读政治漫画的要点，教师分发了一个简短的先行组织者，学生们可以在上面写下从第二幅漫画中"读"出的四个要点。一旦学生开始行动，教师就四处巡视，确保学生能够运用有关阅读卡通画的关键内容来完成这份先行组织者。

视觉提示教学法在中学应用的反例

现在让我们走进另一个教师展示的同一堂课。

> 让我们来谈谈阅读政治漫画的要点，这可以帮助我们分析历史背景是如何塑造和继续塑造人们的观点的。谁能告诉我你认为在阅读政治漫画时需要注意些什么？[学生的答案有很多，包括教师希望听到的四个陈述：（1）阅读标题并确定这幅漫画的主要内容是什么；（2）找出能帮助你理解漫画意义的Q版人物画像；（3）寻找可能代表某一观点或看法的象征符号；（4）找出漫画家试图传达的观点或信息。]
>
> 这些答案都很棒。我们已经讨论了如何阅读政治漫画，现在就请大家自己试一试吧。这是我们最新一期校报上的一幅漫画。请大家在这个先行组织者上回答有关这幅漫画的问题。（然后教师把先行组织者分发给学生。）

请注意，这位教师使用的教学资源和前面那位教师的是一样的。有时，并不是你使用的资源不对，而是你使用的方法有问题。这位教师犯了一个常见的错误，即未能清楚地解释视觉提示与关键内容的关系。她没有给学生机会去理解阅读政治漫画的基本步骤。

判断学生是否可以从视觉提示中确定关键内容

判断你的视觉提示教学法是否成功的唯一方式就是你的视觉提示能否让学生确定关键内容。提前计划好你要让学生做的事情。为了在时间有限的课堂上能完成任务，这两个正例中的教师都有自己的想法和预先准备的教学素材。他们预留了时间巡视、倾听和检查，以确定学生是否把他们从视觉提示中所学与学习目标联系起来。下面列出的方法可以帮助你监控学生是否能通过视觉提示确定关键内容：

◇学生给出非语言信号，如拇指向下、向上或交叉双臂、不交叉双臂，以表示他们选择了重要的或不重要的信息。教师扫视课堂，以确定学生是否做出了正确的选择。

◇学生把一张白纸折成四折，在每一折上都写上与关键内容相关的答案，然后把它们交给教师，教师在巡视教室时审阅。

◇将学生编号配对，他们轮流向对方说明关键内容，同时，教师在教室中巡视、聆听。学生编号可以是固定的，如每组内的成员谁是 1 或 2，教师会给出一个指令，例如：“所有的 1 号告诉所有的 2 号你从这张图片中学到的一条重要信息。”

◇学生在视觉提示中关键内容的地方粘贴上箭头或小旗子形状的贴纸。教师通过这些贴纸检查学生掌握的准确度。

使用视觉提示法的学生熟练程度量规可以帮助你评估学生在通过视觉提示确定关键内容方面的熟练程度。使用这个量规来帮助你监控视觉提示的预期目标的达成。

使用视觉提示法的学生熟练程度量规

新手入门	基本掌握	预期达标
学生能从视觉提示中确定信息	学生可以列出视觉提示中的关键内容	学生可以解释视觉提示是如何呈现课程的关键内容的
学生能说明视觉提示与课程的关系	学生可以解释视觉提示与学习目标的关系	学生能够解释清楚视觉提示如何同关键内容的顺序建立联系，从而达成学习目标

开展支架教学和拓展教学以满足学生的需求

你用什么样的方式来支架或拓展视觉提示，取决于你选择了哪一种视觉提示。视觉提示可供选择的种类很多，可以很容易地满足那些需要额外教学支持的同学的需要，以及需要激励以达到更高水平的同学的需要。

支架教学

思考一下，在小学的正例中，如果某些学生在阅读句子和寻找线索方面都有困难，那位小学教师要怎样为他们提供支架呢？她可以给学生一份答案，并让他们把这些答案与相应的问题配对。中学的正例中，如果发现学生们很难找到政治漫画中的准确部位，教师可以在漫画中问题对应的各部位编号后再分发给学生。为视觉提示提供支持的方法还包括突出显示希望学生关注的视觉提示部分，或者提供关键词以便学生用这些词来描述视觉提示。

拓展教学

经常会有学生能够创造或者找到他们自己的视觉提示。如果确实如此，那就给这些学生一些参考指南，使他们保持对关键内容的关注。另一种拓展的方法是让他们进行头脑风暴，思考如何改进视觉提示，从而使其更有助于关键内容的确定。你也可以让学生为复杂的视觉提示创建线索（key），可以用于帮助其他学生理解它的含义。

教学方法 6
用讲故事的方法提示关键内容

讲故事是确定关键内容的一种强有力方式。这种方法已经被过去著名的演说家和现在受欢迎的演讲者们磨炼得近乎完美。故事可以是引人入胜的，甚至是有趣的，但你讲述故事的目的是为学生提供一种理解和记住重要内容的方式。不管这些故事是你读到的，还是你自己的生活经历，你选择它们的原因只能是因为它们能让你的学生更容易记住关键内容。和上述其他几种教学方法一样，讲故事也不能保证你的课堂一定有效。

如何有效地讲故事

讲故事是传达关于整体概念的关键内容的有力途径。有效地讲故事是戏剧教学的一种特殊形式。如果你喜欢大声朗读给学生听，并且经常在展示图片的同时“讲”其中的故事，你就已经是一个讲故事的老手了。一个讲得很好的故事能够吸引最不愿学习的学生投入到学习中去。所以，如果你有一群不爱学习的学生，那就找一个故事来讲。你可以从一开始就把他们牢牢抓住。你所讲的故事可以来自历史、文学、体育、科学、娱乐或你自己的个人经历。下面是一些有效实施讲故事的技巧。

建立故事与关键内容的联系

讲故事这种方法可以触及那些不经常参与到直接教学中但可能更有创造力的学生。它以一种更间接的方式向学生展示你想让他们做什么或想什么。当你为某节课选择一个故事时，要确保故事和关键内容之间有清晰的联系。另外，还要有信心，你能够在故事或课程结束时将这种联系向学生解释清楚。

排练，排练，再排练

润色讲稿的一个无法替代的方法就是把你的故事多讲几遍。记住，你是在“讲”故事。 讲故事时要求你要和学生保持眼神交流，并观察他们的肢体语言。讲故事需要一定的表情，甚至需要加上一些身体和手的动作。说话的速度稍微慢一点也是一个加分项，并且在适当的时候，戏剧性的沉默能使故事更有感染力。

尽量简短

保持故事简单而短小。故事不应该超过三到四分钟。避免行话和太多的空话。你的学生需要在你讲述的过程中能够思考、加工你讲的故事，并在脑海中形成相应的画面。

谨慎使用故事

记住！讲故事的目的是识别关键内容。确保没有因为讲故事而牺牲你的教学时间，它应该是用于促进教学的。如果课堂上大部分时间都是在讲故事，那么学生什么时候能有机会加工和加深他们对关键内容的理解呢？

以终为始

用一个故事提示关键信息的目的是增加学生知道关键内容和非关键内容的可能性。所以，当你开始讲述你的故事时，要记住，你的目标不是娱乐学生，而是让你的学生对课程内容印象深刻。

常见错误

在用讲故事提示关键内容的过程中，可能会出现一些错误：

◇故事并没有强调关键内容。

◇教师没有解释这个故事与课程的关键内容的联系。

◇这个故事太长或太复杂，让学生们无法理解。

◇学生对这个故事不感兴趣。

在课堂上实施讲故事法

小学和中学的正例和反例都参考了《大学和就业能力锚定标准》的阅读标准10：独立、熟练地阅读和理解复杂的文学作品和说明文（informational texts）。

讲故事法在小学应用的正例

小学的正例来自一名小学四年级的教师，她通过讲故事提示关键内容，这位教师是一名母语非英语的英语学习者（ELL）。这是她告诉学生的故事：

> 今年我们有一个大目标要实现：读更多的书，读更难的书，从这些书中学习新东西。我七岁的时候来到美国。当时我上二年级，我很害怕。我不懂英语也读不懂英文书。我打赌你们会想：“你怎么会这么聪明，甚至都可以在美国当老师？”有两件事帮助了我：（1）我每天上学，认真听讲，做家庭作业。（2）我开始阅读。一开始，我只能读简单的书，但这并不重要。我继续读更多的书，很快我就开始读更难的书了。我无时无刻不在读书。我在上学前，在午饭时，有时甚至在我该睡觉的时候都在读书。我读故事，但我也读有关太空、动物和名人的书。当我不知道一个词是什么意思时，我会问别人或查字典。
>
> 今年，我们班的同学要读很多书，到今年年底，阅读的书要比我们开始读的书更难。我们怎样才能做到呢？我们每天都要到学校，注意听讲，做作业，我们将成为不知疲倦的阅读机器。如果我在二年级时能做到这些事情，那么你们也同样能做到。

这个故事强调了阅读的重要性，并帮助学生认识到，阅读难度提升需要不断地练习。这位教师把这个故事讲得很短，并且重点放在了关键内容上，即如何通过阅读不同的文本和学习新单词来提高熟练程度。

讲故事法在小学应用的反例

小学的反例也用了相似的开场白。

今年我们有一个大目标要实现：读更多的书，读更难的书，从这些书中学习新东西。我七岁的时候来到美国。当时我上二年级，我很害怕。我听不懂英语，也读不懂英文书。如果我能学会阅读，你也可以。今年，我们班要读很多书，到今年年底，这些书比我们开始读的书要更难。（然后教师开始读她选的书。）

这位教师的失败是因为她的故事太简短了，甚至都没有涉及提高阅读熟练程度的关键内容：阅读不同的文本和学习新单词。学生们可能都没有意识到这个故事的真正目的是确定关键内容。他们可能认为老师只是想告诉他们一些她自己的故事。

讲故事法在中学应用的正例

中学的正例来自一位辅导老师，他负责帮助母语是非英语的英语学习者（ELL）和其他困难学生。

我想给你们讲一个故事，关于阅读是如何改变我的生活的。当我年轻的时候，我不喜欢阅读。直到高二，我才发现自己喜欢的书。你们中有些人可能就像那时的我一样。总之那一年，我遇到了两本书，然后爱上阅读，并且从此再也停不下来了。我想，如果我没有发现阅读有多棒，我就不会考虑去读大学或成为一名教师。我的第一本书是《**教父**》。（一些学生听到这个书名就笑了。）我知道你们很难相信你们温柔、亲切的老师是被这样一本血淋淋的书吸引并开始阅读的。但它打动了我。第二本真正引起我注意的书是《**乱世佳人**》。它讲述了内战的历史，但又弥漫着浓重的浪漫色彩。这两本书今年都不会出现在你们的阅读清单上，但是没关系。有时候你只需要找到一本你想读的书。不要停止尝试去寻找。当你这么做的时候，它会改变你的生活。

这个故事向学生们阐明了，他们需要通过找到一些吸引他们的故事来提高阅读能力，这也是这个故事的关键内容。教师给出了几个例子，最后再通过重新提及关键内容把整个故事联系起来。

讲故事法在中学应用的反例

中学的反例是同一名教师讲同样的故事，只是方式稍有不同。

> 我想给你们讲一个故事，关于阅读是如何改变我的生活的。当我年轻的时候，我不喜欢阅读。直到高二，我才发现自己喜欢的书。你们中有些人可能就像那时的我一样。总之那一年，我遇到了两本书，然后爱上阅读，并且从此再也停不下来了。我想，如果我没有发现阅读有多棒，我就不会考虑去读大学或成为一名教师。我的第一本书是《教父》。（一些学生听到这个书名就笑了。）我知道你们很难相信你们温柔、亲切的老师是被这样一本血淋淋的书吸引并开始阅读的。但它打动了我。
>
> （然后老师详细描述了《教父》的情节，她花了10分钟的时间回答学生提出的问题。老师通过以下内容结束了这个故事。）这本书今年不会出现在你们的阅读清单上。但是没关系。有时候你只需要找到一本你想读的书。不要停止尝试去寻找。当你这么做的时候，它会改变你的生活。

在这个例子中，教师分享了她对阅读的热爱，但却犯了一个错误，那就是讲述的故事太长了，让学生们无法专注于关键的内容。尽管这个版本的故事包含了与第一个故事相同的关键内容，但许多学生可能会忽略关键内容，因为它不是这个故事的中心，《教父》的情节成了讲故事的中心。

判断学生是否能通过讲故事法确定关键内容

以下的建议可以帮助你了解学生是否可以通过讲故事找到关键内容：

◇要求学生通过画一张图，阐明部分关键内容。在学生画图时，教师巡视并对图展开讨论。

◇把学生分成学习小组，讨论故事的主要思想。教师四处走一走，听一听，确保学生能够确定出故事的关键内容。

◇让学生把与故事相关的图片分成两类：一类是重要的，一类是不重要的。

使用讲故事法的学生熟练程度量规检验讲故事教学法是否达成预期目标。

使用讲故事法的学生熟练程度量规

新手入门	基本掌握	预期达标
学生听故事	学生可以对故事关键的部分进行复述	学生可以用关键内容总结这个故事
学生可以复述部分故事	学生可以列出故事中包含的关键内容	学生能够描述故事中包含的关键内容
学生可以确定一些和故事有关的课堂关键内容	学生可以描述故事与课程关键内容之间的联系	学生可以解释这个故事是如何阐明这一课的关键内容的

开展支架教学和拓展教学以满足学生的需求

如果你为支架和拓展教学提前做好了准备，那你更有可能在课程中针对学生需求做出调整。你并不需要创建复杂的支持工具或大型扩展项目，而是考虑哪些具体工作是你能为学生做的，帮助他们从他们所在位置成长起来。

支架教学

◇设计教师与学生间的暗号，通过这些暗号，在讲故事的过程中让他们的注意力重新集中在故事的关键内容上（例如，摸下巴、做手势，或者指向一个视觉提示）。

◇提供故事的文本给学生，并对重点内容进行标记。

◇准备一份问题清单，给那些没有支持就无法识别关键内容的学生。

拓展教学

◇让学生创作他们自己的故事以阐明这一课的关键内容。

◇要求学生辨别故事中哪些部分比其他部分更重要。

教学方法 7
利用旧知提示关键内容

学生带着他们已有的知识进入课堂，这些知识有时比你想象的要多，有时比你预期的要少。然而，无论多与少，你都可以利用学生的旧知帮助他们掌握课程的关键内容。如何激活旧知的实践，是依据对有技能的读者如何处理具体学科内容开展研究得到的成果。有技能的读者向研究人员积极反馈他们在阅读时的思维过程。这些读者不断地将他们先前的学习、经验与新概念联系起来从而达成共识，这一共识又帮助他们提出新的假设（Pressley & Afflerbach，1995）。

利用旧知提示关键内容，需提前想好哪些是你认为学生应该知道的内容，并提前计划好如何判断他们是否真的知道。

如何有效地利用旧知提示关键内容

确保学生理解重要词汇和基本事实

如果你有一段时间在教相同的内容或年级，那应该可以预测出学生在关键词汇和基本事实方面的知识差距和优势。然而，当你认为对他们存在的问题已了如指掌，可能还会突然有某个学生冒出你没有预料到的错误理解。所以，在介绍内容时，请检查学生是否理解关键词汇和基本事实。如果他们不能理解，你可以提供一个事先准备好的简短的解释或者说明。

确保学生理解基本关系

提示关键内容时，你必须能够理解概念之间的关系并向学生表明这种关系。用当天的学习目标作为思考过程的起点。学习目标中各概念间的关系是什么？你如何把它传达给你的学生？有以下四种类型的关系需要考虑：

◇一个事物是另一个事物的原因或结果。

◇当一个事物变大时，另一个事物就会随之变小或变大。

◇两个事物在某些方面相似或不同。

◇一个事物是另一个事物的一个实例或一个种类。

确保学生掌握基本的技能和方法

学生有时会非常善于掩盖他们不具备基本技能和方法的真相。确定在课堂上所授技能和方法时学生须已掌握什么样的技能和方法。检查学生是否掌握这些基本技能，如果他们没有掌握，就要做出相应调整。

确保学生掌握图形化的心智模型

课堂上的许多概念都很抽象，比如一年级的“时间”或高中的“亚原子粒子”的概念。学生要掌握这些概念，就必须有概念对应的心智模型（Mental Models）。心智模型是指你在脑海中形成的描绘相应信息或过程的图像。仔细思考你想要教授的概念，这样你就可以向学生描述你的心智模型。在课堂上有意识地帮助学生形成他们关于关键内容的心智模型。插图和模拟对心智模型的教学都有帮助。

常见错误

与上述其他方法一样，在利用旧知提示关键内容时，教师需要避免一些常见的错误：

◇教师没能确保学生理解关键词汇和基本事实。

◇教师对概念之间的关系进行了错误的识别。

◇教师假定学生已掌握必备技能。

◇教师没有给予充足时间让学生建立自己的心智模型。

◇教师没有对学生实际所学进行总结和评估。

利用旧知提示关键内容的正例和反例

以下是两组正例和反例，其中一组来自小学课堂，另一组来自中学课堂。

利用旧知在小学应用的正例

利用旧知提示关键内容的正例基于一年级的科学标准：通过对太阳、月亮和星星的观察，描述可预测的模式（《新一代科学教育标准》，2013）。教师为每一组准备了四张卡片。每张卡片上描绘了不同阶段的太阳：日出、日落、悬挂高空，还有一张黑色的没有太阳的卡片。

今天，我们要讨论的是天空中的规律。有些人用望远镜观察天空中的事物。这节课，我们要看看只用眼睛观察可以对太空了解多少。我们将要讨论的天空中的物体都是有规律的。这意味着我们可以相信这些物体会在特定的时间在天空的特定位置出现。在我们开始之前，我想提醒你们有一些可能在天空出现的物体是不包括在内的：鸟、飞机、气球或直升机。这些东西来了又走，它们没有规律可循。现在，谁能说说你观察到的太阳的规律？

[一个学生试着回答说他看到太阳在早晨出现（coming up）。教师赞扬了他的观察能力，并对他的描述进行了详细阐述，解释了科学家们描述太阳时用的一个专用的词"出现（coming up）"。]"我们说太阳正在升起（rising），看到太阳出现的那一刻我们称之为黎明（sunrise）。"你知道这个词吗？说给你的同桌小伙伴听。然后找出这个单词对应的图片卡。

（接着教师要求学生发表更多的观察报告，又看到另一个学生举起手来。）你看起来好像观察到了太阳的其他规律，告诉我们吧。（这个学生解释说，太阳不只是升起，它还会落下。她接着说她是晚上睡觉前看到的。）描述太阳落下的词是"日落（sunset）"。读给你的同桌小伙伴听一听，再找出这个单词对应的图片卡。教师停下来让学生完成任务，并观察他们是否选了正确的卡片。

我们现在有两个关于太阳的观察报告：它升起，它还落下。关于太阳你还观察到了什么？有可预测的规律吗？告诉你的小伙伴。（教师给出时间让学生展开讨论，讨论他们每天在不同时间看到太阳所在的位置。）每天太阳在天空中出现的规律是什么？把你的卡片按这种规律排好顺序。（教师巡视，并在必要时指导和鼓励学生。）

在这个例子中，教师使用卡片帮助学生们创建了关于天空中太阳运行规律的心智模型。她首先确保学生知道关键的词汇，然后引导他们去思考观察结果和这些词汇之间的联系。

利用旧知在小学应用的反例

反例使用了相同的开场，但是缺失了一些必要步骤，导致没能利用旧知提示关键内容。这位教师参考了同样的标准，但是没有关于太阳的那一套卡片。

> 今天，我们要讨论的是天空中的规律。有些人用望远镜观察天空中的事物。这节课，我们要看看只用眼睛观察可以对太空了解多少。我们将要讨论的天空中的物体都是有规律的。这意味着我们可以相信这些物体会在特定的时间在天空的特定位置出现。在我们开始之前，我想提醒你们有一些可能在天空出现的物体是不包括在内的：鸟、飞机、气球或直升机。这些东西来了又走，它们没有规律可循。现在，谁能说说你观察到的太阳的规律？
>
> [一个学生试着回答说他看到太阳在早晨出现（coming up）。教师表扬了他的观察能力，并对他的描述进行了详细阐述，解释了科学家们描述太阳时用的一个专用的词“出现（coming up）”。]“我们说太阳正在升起（rising），看到太阳出现的那一刻我们称之为黎明（sunrise）。”（接着教师要求学生深入观察，又看到另一个学生举起手来。）你看起来好像观察到了太阳的其他规律，告诉我们吧。[这个学生解释说，太阳不只是升起，它还会落下。她接着说她是在晚上睡觉前看到的。]描述太阳落下的词是“日落（sunset）”。我们现在有两个关于太阳的观察报告：它升起，它还落下。每天太阳在天空中出现的规律是什么？（教师在听取了第三个学生对日出和日落的描述后要求其他学生告诉同桌他们自己所知道的关于日出和日落的规律。）

反例中的教师只是要求一些学生分享他们的观察结果，而没有确保学生理解关键词汇和基本事实，也没有帮助他们形成心智模型。从这个活动中，教师没有办法知道哪些学生知道关键词，或是哪些学生能够通过观察描述太阳在空中的运行规律。

利用旧知在中学应用的正例

第二个例子是基于以下学习目标：开发和利用地球－太阳系模型描述季节的循环模式。

> 今天，我们将讨论我们对一年中各个季节的了解。告诉我你们知道的，然后我把它写在黑板上。当我写下所有你们说的内容，就可以对这些看法做出判断，看它们是否与正确的科学知识相匹配。
>
> （当学生分享他们的经验时，教师同时进行整理，罗列如下。）
>
> ◇我们有四季，取决于地球离太阳有多远。在夏天，我们离太阳很近；在冬天，我们离太阳很远。
>
> ◇我知道地球是倾斜的，我认为它在夏天更接近太阳，在冬天远离太阳。
>
> ◇地球在不断地运动，这导致了日夜的交替。夏天白天长，冬天白天短。
>
> （教师很快意识到，她的学生对这个学习目标的关键内容有一些错误理解。然后，教师让学生分成小组，开发并利用模型描述季节的循环模式。她告诉学生，这个模型需要演示地球在其轴上的自转以及它围绕太阳运行的公转轨道。她帮助学生专注于一点：在地球轨道的不同位置上哪个半球能获得更直射的太阳光？然后，学生将对黑板上的陈述的真假做出判断，并阐明为何使用这个模型。）

这个正例的目标是展示两个活动。在判定课堂上学生无法确定关键内容（季节和南北半球接收的直接和非直接太阳能）之间的联系后，教师用已准备的活动帮助学生开发针对关键内容的心智模型。教师要求学生自己操作模型，并让他们从使用物理模型的经验中获取灵感，形成自己的心智模型。

利用旧知在中学应用的反例

中学的反例中教师认为学生的错误观念不应该在课堂上讨论。其他学生可能会被课堂上提到的错误答案搞糊涂。相反，她开始上课时先让学生读一小段解释自转和公转轨道的文字。然后她让两个学生走到讲台前，分别扮演太阳和地球，同时她解说季节变化的原因。

反例的这两个活动中，学生都是被动学习者。这两项活动都不要求学生示证他们知道什么内容是重要的。教师也不检查学生是否理解关键内容间的关系，也不能确保学生已经为季节的成因开发了自己的心智模型。

判断学生是否可以利用旧知确定关键内容

如果你想利用学生的旧知提示关键内容时，那你必须全程监控。你可以问什么问题？你如何让你的学生们，不仅仅是其中一两个，在利用旧知提示关键内容的四个行为的过程中做出反应？从他们的回答中，你怎么能看出或听出他们理解了关键词汇和基本事实，理解了基本关系，拥有了基本的技能和方法，并且掌握了图形化的心智模型？可以尝试通过以下建议监控学生能否利用旧知提示关键内容：

◇学生向同桌解释，教师巡视、倾听。

◇学生会对词汇卡进行分类，教师检查以确保他们对关键词有一定的了解。

◇学生描述他们的心智模型，教师检查他们的表述。

◇学生列出掌握基本技能和方法的步骤，教师检查它们的准确性。

在利用旧知提示关键内容的课堂上，可以使用学生熟练程度量规来评估你的学生在课堂上取得的进步。

利用旧知提示关键内容的学生熟练程度量规

新手入门	基本掌握	预期达标
学生熟悉词汇和基本事实	学生理解重要词汇和基本事实	学生可以使用关键词汇和基本事实
学生可以识别关键内容之间的基本关系	学生理解关键内容之间的基本关系	学生可以阐明关键内容之间的基本关系
学生熟悉基本的技能和方法	学生掌握基本的技能和方法	学生可以应用基本的技能和方法
学生可以想象由老师解释的心智模型	学生掌握图形化的心智模型	学生利用心智模型理解和应用关键内容

开展支架教学和拓展教学以满足学生的需求

对那些需要反复接触关键内容的学习困难的学生，还有那些希望与同学分享他们的知识的学生来说，支架教学和拓展教学可以提供互利的体验。

支架教学

◇为学生提供一个图形组织者，上面有完整的重要词汇的例子和与关键内容相关的基本事实的例子。

◇要求学生在讨论各种联系时要有声思维，以方便发现他们错误或困惑的来源。

◇使用图片或实物模型对心智模型进行口头或书面的进一步解释。

拓展教学

◇学生创建他们自己的图形组织者，展示关键内容之间的联系。

◇学生可以一起设计关于关键词汇、事实、技能和方法的问题。

◇学生可以用不同的、非语言的方式呈现他们的心智模型。

结 语

本书的目的是使你能够更高效地向学生教授内容。正如前文所述，第一步是能熟练地帮助学生确定关键内容。为了判断这个目标是否实现，你需要收集学生的信息并进行有意义的自我反思。如果从本书中你没有什么其他收获，那至少也应从中发现监控的重要性。你的专业技能和学生学业成就的转折点就是监控，仅仅实施策略是不够的。

最有效的教学,可以分三步执行。首先,实施策略。在课程中找出关键内容，让学生知道什么是重要的，什么是不重要的。其次，监控预期目标的达成。换句话说，当你在实施这个策略时，要判断这个策略是否对你的学生有效。对于确定关键内容这一教学策略，需及时查看学生是否知道某些内容是否关键。最后，通过监控，如果你意识到你的提示方式并非对所有学生都有效，那么可以通过支架教学或拓展教学来调整你的方法，这样所有的学生都能把握住该堂课的重点。在执行过程中监控被置于核心位置，这也是它在有效教学中应该所处的位置。

尽管你可以独立地学习本书从而获得专业知识，但如果你与同事一起阅读并进行教学尝试工作，将会受益更多。

反思和讨论问题

在小组会议或向你的教练、导师或督学会面寻求精神食粮前，可以使用以下的反思与讨论问题：

1. 在阅读和实施本书中的方法后，你的教学发生了怎样的变化？

2. 在为学生提供支架教学和拓展教学的过程中，你总结出哪些调整和改进教学的方法和技巧？

3. 在实施本书教学策略的过程中，你遇到的最大挑战是什么？

4. 实施本书教学策略后，学生的学习发生了哪些变化？

5. 你会如何与同年级或同一部门的同事分享学到的东西？

参考资料

[1]AUSUBEL, D.(1960). The use of advance organizers in the learning and retention of meaningful verbal material. *Journal of Educational Psychology*, 51, 267–272.

[2]AUSUBEL, E., NOVAK, J., & HANESIAN, H.(1978). *Educational psychology: A cognitive view* (2nd ed.). New York, NY: Holt, Rinehart & Winston.

[3]Common Core State Standards Initiative.(2010). *Common Core State Standards for English language arts & literacy in history/social studies, science, and technical subjects.* Washington, DC: Author. Retrieved September 23, 2011, from http://corestandards.org/assets/CCSSI_ELA%20Standards.pdf.

[4]DICKSON, S. V., COLLINS, V. L., SIMMONS, D. C., & KAME'ENUI, E. J. (1998). Metacognitive strategies: Instructional and curricular basics and implications. In D. C. Simmons & E. J. Kame'enui (Eds.). *What reading research tells us about children with diverse learning needs* (pp. 361–380). Hillsdale, NJ: Erlbaum.

[5]KEENE, E. O., & ZIMMERMAN, S.(1997). *Mosaic of thought: Teaching comprehension in a reader's workshop*. Portsmouth, NH: Heinemann.

[6]MARZANO, R. J. (2013, November) . Art and science of teaching: Planning for what students don' t know. *Educational Leadership, 71*(3), 80−81.

[7]MARZANO, R. J., BOOGREN, T., HEFLEBOWER, T., KANOLD-MCINTYRE, J., & PICKERING, D. (2012).*Becoming a reflective teacher*. Bloomington, IN: Marzano Research Laboratory.

[8]MARZANO,R. J., & BROWN, J. L.(2009). *A handbook for the art and science of teaching*. Alexandria, VA: Association for Supervision and Curriculum Development.

[9]MARZANO, R. J.(2007). *The art and science of teaching*. Alexandria, VA: Association for Supervision and Curriculum Development.

[10]MARZANO, R. J., & Toth, M. D.(2013). *Deliberate practice for deliberate growth: Teacher evaluation systems for continuous instructional improvement.* West Palm Beach, FL: Learning Sciences Marzano Center.

[11]National Governors Association Center for Best Practices, Council of Chief State School Officers.(2010). *Common Core State Standards*. Washington, DC: Author.NGSS Lead States. (2013).*Next generation science standards: For states, by states*. Washington, DC: National Academies Press. Retrieved October 11, 2013, from http://www.nextgenscience.org/next-generation-science-standards.

[12]OGLE, D. M.(1986). K-W-L: A teaching model that develops active reading of expository text. *The Reading Teacher*, 26, 564−570.

[13]PRESSLEY, M., & AFFLERBACH, P. (1995). *Verbal protocols of reading:The nature of constructively responsive reading*. Hillsdale, NJ: Erlbaum.

[14]SCHANK, R.(1999). *Dynamic memory revisited*. Cambridge, UK: Cambridge University Press.